Estimado amigo:

Nada en la historia moderna ha sacudido nuestro mundo tan dramáticamente como los terribles acontecimientos del 11 de septiembre de 2001. Todavía sentimos el impacto de aquellos anonadantes ataques terroristas, y el futuro todavía está lleno de incertidumbre y temor.

Sin embargo, el anhelo de paz en nuestro mundo es solo una reflexión de un anhelo todavía más profundo: un anhelo de paz en el alma. Y así como la búsqueda de la paz mundial a menudo es frustrante y desesperanzada, nuestra búsqueda de paz personal muchas veces parece condenada al fracaso. Quizás esta haya sido su experiencia.

¿Es posible tener paz en el corazón y la mente? Sí, y en las páginas de este pequeño libro le invito a acompañarme y descubrir por usted mismo el secreto de la paz personal.

En el medio siglo transcurrido desde que escribí mi libro, Paz con Dios, muchas personas me han dicho cuánto los ayudó a dirigirse por el sendero de la paz verdadera. Mi oración es que este libro, basado en Paz con Dios (con selecciones de algunos de mis otros escritos), lo dirigirá a una paz verdadera: paz con Dios, paz con los demás y paz en su corazón.

Billy Graham

Contenido

1
La Gran Búsqueda

❖

Y me buscaréis y me hallaréis, porque me buscaréis de
todo vuestro corazón.
—Jeremías 29.13

Usted comenzó la Gran Búsqueda el momento en que nació. Quizás pasaron muchos años hasta que lo comprendió, antes de que fuera evidente que estaba constantemente en busca de algo que jamás había tenido, algo que era más importante que cualquier cosa en la vida.

A veces ha tratado de olvidar la búsqueda. A veces ha intentado perderse en otras cosas para que solo le quede tiempo y pensamientos para el asunto que tiene a mano. A veces quizás hasta ha sentido que ya es libre de la necesidad de seguir buscando ese algo sin nombre. Pero siempre se ha visto envuelto de nuevo en la búsqueda. Siempre ha tenido que volver a ella.

No está solo

En los momentos más solitarios de su vida usted ha mirado a otros hombres y mujeres y se ha preguntado si ellos también están buscando, si están buscando algo que no pueden describir pero saben que quieren y necesitan. Quizás al mirarlos pensó: *Estas personas ya no están en la Gran Búsqueda. Han encontrado el camino.*

¡No es cierto! Usted no está solo. Todas las personas están viajando con usted, porque todas están en la misma búsqueda. Todas las personas buscan la respuesta a la confusión, a la enfermedad moral, al vacío espiritual que oprime al mundo. Todos estamos clamando por orientación, por consolación, por felicidad, por paz.

Nos dicen que vivimos en la «edad de la ansiedad». Pocas veces en la historia las personas se han enfrentado a tanto temor e incertidumbre. Todos los apoyos familiares parecen haber caído derribados debajo de nosotros. Hablamos de paz pero nos confronta la guerra y el terrorismo a cada instante. Inventamos proyectos elaborados para la seguridad pero no la hemos hallado. Nos tomamos de cualquier cosa, y al momento desaparece.

Por generaciones, hemos estado corriendo

como niños asustados, primero por un callejón oscuro y luego por otro. Y cada vez que esto ha pasado nos hemos dicho: *Este camino es el correcto; esto nos llevará a donde queremos ir.* Pero siempre hemos estado equivocados.

La ilusión de la felicidad

Todos reconocemos que el mundo ha cambiado de manera radical en los últimos cien años. Estamos al tanto de su ritmo acelerado, del espíritu de revolución que está arrasando con las barreras establecidas y las tradiciones, la rapidez con la que el idioma, las modas, las costumbres, las viviendas y nuestra manera de vivir y pensar se alteran.

Nuestro mundo materialista sigue apresurado en su eterna búsqueda de la felicidad. Sin embargo, mientras más conocimiento adquirimos, menos sabiduría parecemos tener. Mientras más seguridad económica tenemos, más aburridos e inseguros nos sentimos. Mientras más disfrutamos de los placeres cotidianos, menos satisfechos y contentos estamos con la vida. Somos como un mar inquieto que lanza sus olas hacia un poco de paz aquí y un poco de placer allá pero sin hallar un lugar donde quedarnos que sea permanente y satisfactorio. Pero dentro de nosotros una pequeña voz nos sigue diciendo: *No tiene por qué ser así; nos hicieron para cosas mejores.* Tenemos la sensación de que en algún lugar debe haber una fuente que contenga una felicidad que haga que la vida valga la pena. A veces sentimos que la hemos obtenido, solo para darnos cuenta luego de que es evasiva y nos deja desilusionados, atolondrados, infelices y todavía buscando.

Hay dos clases de felicidad. Una nos llega cuando las circunstancias son placenteras y estamos relativamente libres de problemas. El inconveniente con esta clase de felicidad es que es fugaz y superficial. Cuando las circunstancias cambian, y esto es inevitable, esta clase de felicidad se evapora como la neblina de la mañana en el calor del mediodía.

Pero hay otra clase de felicidad, la que todos hemos estado anhelando y buscando. Esta segunda clase de felicidad es paz y gozo internos y duraderos que sobreviven a cualquier circunstancia. Es una felicidad que perdura, no importa lo que enfrentemos. Es curioso, pero puede que aumente en la adversidad.

A la felicidad que nuestro corazón desea no la afecta ni el éxito ni el fracaso, mora muy adentro de nosotros y nos da paz y contentamiento interiores, no importa cuál sea el problema en la superficie. Es el tipo de felicidad que no necesita ningún estímulo exterior.

Esta es la clase de felicidad que necesitamos. Esta es la felicidad por la que nuestras almas claman y buscan sin descanso.

¿Hay esperanza de obtener esta clase de felicidad? ¿Hay alguna salida de nuestro dilema? ¿Podremos hallar la paz personal?

¡Sí! Pero solo si la buscamos donde la debemos buscar.

2
NUESTRO DILEMA

❖

Mira, oh Jehová, estoy atribulado, mis entrañas hierven. Mi corazón se trastorna dentro de mí.
—LAMENTACIONES 1.20

MI ESPOSA, RUTH, y yo en una ocasión visitamos una isla del Caribe. Uno de los hombres más ricos del mundo nos invitó a su lujosa casa para almorzar. Tenía setenta y cinco años, y a través de la comida pareció estar a punto de llorar.

«Soy el hombre más miserable del mundo —dijo—. Afuera está mi yate. Puedo ir donde quiera. Tengo un avión privado, varios helicópteros. Lo tengo todo. Tengo lo que se necesita para ser feliz. Y sin embargo, me siento muy mal».

Hablé y oré con él, y traté de dirigirlo hacia Cristo, el único que le da un significado duradero a la vida.

Entonces bajamos la colina hacia la pequeña cabaña en la que estábamos. Esa tarde el pastor de la iglesia local nos fue a visitar. Era inglés, y tenía la misma edad que el hombre con quien habíamos almorzado: setenta y cinco años. Era viudo, y pasaba casi todo el tiempo libre cuidando de sus dos hermanas inválidas. Me recordaba a un grillo: siempre saltando, muy activo y lleno de entusiasmo y amor por Dios y los demás.

«No tengo ni dos pesos a mi nombre —me dijo con una sonrisa—, pero soy el hombre más feliz de esta isla».

«¿Cuál de los dos hombres crees que es más rico?», le pregunté a Ruth cuando nos fuimos.

Ambos sabíamos la respuesta.

Nuestro tormento secreto

En el mundo de hoy se enfatiza mucho el desarrollo del cuerpo y de la mente. Y aunque estas cosas son importantes, también tenemos un alma que necesita atención y cuidado. No somos solo cuerpo y mente; también tenemos un espíritu que fue creado a la imagen de Dios.

Puedo tener el hechizo de una estrella de cine o

las riquezas de un millonario y no tener felicidad, paz ni contentamiento. ¿Por qué? Simplemente por haber descuidado mi alma.

El alma en realidad demanda tanta atención como el cuerpo. Requiere comunión con Dios, quien la creó. Requiere adoración, quietud y meditación. Si no alimentamos y ejercitamos el alma diariamente, se malnutre y arruga, como les pasa a los cuerpos sin comida. Siempre estamos disgustados, confundidos e inquietos.

Muchas personas se vuelcan al alcohol o a las drogas para tratar de ahogar los gritos del alma. Algunos buscan nuevas experiencias sexuales. Otros tratan de aliviar los anhelos del alma de otras maneras. Sin embargo, nada sino Dios puede satisfacer completamente, porque para Dios se creó el alma, y sin Dios siempre está inquieta y en tormento secreto.

Nadie está tan vacío como el que cree que está lleno. Nadie está tan enfermo como el que tiene una enfermedad mortal y se cree completamente saludable. Nadie es tan pobre como el que se cree rico pero en realidad está en la quiebra. Es cierto en lo material y es cierto también en lo espiritual.

CAUSA Y EFECTO

En nuestros cuerpos, el dolor y la enfermedad van juntos: la enfermedad es la causa y el dolor es el efecto. El dolor no se puede aliviar, por supuesto, hasta que la causa subyacente se quite.

Con frecuencia vemos los efectos externos de la enfermedad física. Por ejemplo, cuando se le diagnostica cáncer a un amigo, sabemos por experiencia que podremos comenzar a ver algunos efectos externos de la enfermedad, como la caída del cabello, la debilidad física y la palidez de la piel. Estas cosas van de la mano.

La infelicidad del alma, como el dolor en el cuerpo, solo es el efecto de una causa subyacente más profunda.

A través de los años hemos recorrido varios caminos prometedores que creíamos que nos llevarían a alcanzar paz y felicidad permanentes, caminos como la libertad política, la educación, los niveles de vida más altos, la ciencia y la tecnología, la fama y la fortuna, el placer y el poder. Tristemente, ninguno de estos cura nuestro problema más profundo: nuestra enfermedad espiritual.

Si es cierto que para toda enfermedad hay una cura, debemos apurarnos para hallarla. La arena de nuestro reloj cae con rapidez. Si hay un camino que conduce a la luz, si hay un camino de vuelta a la salud espiritual, ¡no debemos perder ni una sola hora en buscarlo!

¿Adónde vamos?

Así que «¿Dónde estamos? —pregunta usted—. ¿Adónde vamos?» Permítame decirle *dónde* estamos y *qué* somos. Somos personas vacías en un mundo de naciones vacías. Nuestras cabezas están llenas de conocimiento, nuestro nivel de vida es uno de los más altos del mundo y nuestros cuerpos viven más que en cualquier otro tiempo de la historia, pero dentro del alma hay un vacío espiritual.

No sabemos de dónde hemos venido, por qué estamos aquí ni adónde vamos. ¡Estamos perdidos! Y necesitamos desesperadamente encontrar una manera de salir de este dilema.

Pero para hacer esto, debemos primero identificar la raíz del problema.

3
El Verdadero Problema

✦

Por cuanto todos pecaron, y están destituidos de la gloria de Dios.
—Romanos 3.23

HACE ALGUNOS AÑOS mi esposa, Ruth, y yo visitamos el campo de concentración nazi de Auschwitz, situado en el sur de Polonia. Allí encarcelaron y asesinaron brutalmente a unos seis millones de personas, judíos y no judíos, de toda Europa.

Vimos los alambres de púas, los instrumentos de tortura, las poco ventiladas celdas de castigo, las cámaras de gas y el crematorio. Cada pie cuadrado de ese lugar terrible era un testigo severo y vívido de la inhumanidad hacia otras personas.

Pusimos una corona y nos arrodillamos a orar junto a una pared en el centro del campo, donde los nazis fusilaron a veinte mil personas. Cuando me levanté y me di vuelta para decirles algunas palabras a las personas que se habían reunido con nosotros, los ojos se me llenaron de lágrimas y quedé casi sin habla.

No pude sino preguntarme: *¿Cómo pudo suceder algo tan terrible, planeado y ejecutado por una nación que había producido algunas de las mentes más brillantes del planeta?* Entonces recordé las palabras de Jesús en Mateo 15:19: «Porque del corazón salen los malos pensamientos, los homicidios, los adulterios, las fornicaciones, los hurtos, los falsos testimonios, las blasfemias». Y comprendí que el verdadero problema está en nosotros, en nuestros corazones y en nuestras mentes.

Nuestra enfermedad

La Biblia nos enseña que nuestras almas tienen una enfermedad. Es peor que cualquier temido cáncer o enfermedad del corazón que podamos enfrentar. Es la plaga causante de todos los problemas y dificultades del mundo. Es causante de todo el dolor, la confusión y la desilusión de nuestras vidas.

Esta enfermedad es el más terrible, el más devastador problema en el universo. Ha lesionado a cada uno de nosotros. Ha destruido la armonía interna de nuestras vidas. Nos ha robado nuestra nobleza. Ha hecho que quedemos atrapados en una malvada y horrorosa trampa.

El nombre de esta enfermedad es una palabra fea. No nos gusta usarla. Ni siquiera nos gusta oírla. Pero esta enfermedad espiritual es la raíz de todos nuestros problemas. Todas las tristezas, toda la amargura, toda la violencia, la tragedia, la angustia y la vergüenza de la historia se resumen en esta palabra: *pecado*.

El pecado, el simple, anticuado pecado, es lo que todos estamos sufriendo hoy. Y no nos ayudará tratar de disfrazarlo con un rótulo elaborado y más atractivo. No necesitamos una palabra nueva. Lo que necesitamos es descubrir lo que la palabra que describe nuestra enfermedad mortal significa, y lo que podemos hacer en cuanto a esto.

¿Qué es el pecado?

Quizás queramos adoptar un concepto superficial del pecado y referirnos a este como una «debilidad humana», pero Dios dice que nos trae muerte. Podemos llamarlo una insignificancia, pero Dios lo llama una tragedia. Queremos disculparnos por el pecado, pero Dios tiene que convencernos del pecado y quiere salvarnos de él. El pecado no es un juguete divertido. ¡Es un terror que se debe rechazar! Así que debemos aprender lo que el pecado es ante los ojos de Dios.

Los eruditos de la Biblia nos dan cinco definiciones del pecado:

Primero, el pecado es anarquía, la transgresión de la ley de Dios. La Biblia dice: «Todo aquel que comete pecado, infringe también la ley; pues el pecado es infracción de la ley» (1 Juan 3:4). Es porque hemos quebrantado la ley y los mandamientos de Dios que somos culpables de pecado.

Segundo, la Biblia describe el pecado como iniquidad. La iniquidad es desviarse de lo que es correcto. La iniquidad incluye nuestras motivaciones internas, las mismas cosas que con tanta frecuencia tratamos de ocultar de otras personas y de Dios. Son los males que brotan de nuestra naturaleza corrompida.

La Biblia describe esta iniquidad interna cuando dice: «Cada uno es tentado, cuando de su propia concupiscencia es atraído y seducido. Entonces la concupiscencia, después que ha concebido, da a luz el pecado; y el pecado, siendo consumado, da a luz la muerte» (Santiago 1:14-15).

Tercero, la Biblia define el pecado como «no darle al

blanco». Como una flecha que no le da al blanco, el pecado es no alcanzar la meta que se ha establecido. La meta de Dios es Cristo. El propósito de toda la vida es vivir conforme a la vida de Jesús. Cuando fallamos en seguir su ejemplo, no le damos al blanco y nos quedamos cortos ante la norma divina. La Biblia dice: «Todos pecaron, y están destituidos de la gloria de Dios» (Romanos 3:23).

Cuarto, el pecado es intrusión. Es ponerse uno mismo en el lugar de Dios, o traspasar ilegalmente el territorio divino. El pecado es centrar sus afectos en usted mismo en vez de extender los brazos del corazón para abrazar a Dios. El orgullo y el egoísmo son manifestaciones del pecado, al igual que lo son el robo y el asesinato. Jesús dijo: «Si alguno quiere venir en pos de mí, niéguese a sí mismo, y tome su cruz, y sígame. Porque ¿qué aprovechará al hombre si ganare todo el mundo, y perdiere su alma?» (Marcos 8:34,36).

Quinto, el pecado es incredulidad. La incredulidad es pecado porque es un insulto a la verdad de Dios. La Biblia dice: «El que cree en el Hijo de Dios, tiene el testimonio en sí mismo; el que no cree a Dios, le ha hecho mentiroso, porque no ha creído en el testimonio que Dios ha dado acerca de su Hijo» (1 Juan 5:10).

La incredulidad cierra la puerta al cielo y la abre al infierno. La incredulidad rechaza la Palabra de Dios y niega a Cristo como Salvador. La incredulidad hace que las personas rechacen el evangelio y nieguen los milagros de Cristo. Por lo tanto, la incredulidad es pecado.

La penalidad del pecado

Nuestros pecados pueden ser muy obvios, o pueden ser muy sutiles y ocultos. Quizás nos preocupan cosas que, aunque en sí no son malas, nos han abrazado con sus tentáculos y están eliminando nuestra hambre espiritual. Puede ser que estemos ocupados con nuestras carreras o familias o con cualquiera de cientos de otras cosas que pueden mitigar nuestro apetito por Dios y su justicia.

Sin importar qué clase de pecados tenemos en la vida, todo pecado se paga con la muerte. Tristemente, ninguno de nosotros puede evitarlo ni arrancarse del corazón la corrupción del pecado. Y porque el puro y santo Dios del cielo no puede coexistir con el pecador, estamos en un estado de guerra con Él.

En guerra con Dios

La guerra más grande que se está librando en el mundo hoy en día no es entre naciones y países. Es entre Dios y nosotros. Esta es la causa principal de nuestra enfermedad espiritual.

Quizás ni nos demos cuenta de que estamos en guerra con Dios. Pero si no reconocemos a Jesucristo como Salvador, y si no nos hemos rendido a Jesús como Señor, Dios considera que estamos en guerra con Él. Y la tragedia mayor sería que yo no le dijera que si usted no se arrepiente de sus pecados y recibe a Jesús como Salvador, se va a perder.

¡Pero eso no es lo que Dios quiere! Dios no quiere estar en guerra con nosotros. Es más, la Biblia dice: «De tal manera amó Dios al mundo, que ha dado a su Hijo unigénito, para que todo aquel que en él cree, no se pierda, mas tenga vida eterna» (Juan 3:16). Dios quiere salvarnos, y ha provisto la manera.

Se requiere un cese del fuego

El secreto de encontrar paz con Dios es dejar de pelear con Él. Dios ha estado tratando de alcanzarnos durante años con el mensaje de que quiere darnos paz. Por medio de Cristo dijo: «Mi paz os doy» (Juan 14:27).

Pero Dios no nos puede dar su paz si estamos marchando bajo la bandera roja de la rebelión. ¡Tenemos que dejar de resistir a Dios! Debemos dejar de negarle la entrada a Dios a nuestras vidas. ¡Tenemos que dejar de pelear! Debemos rendirnos al Único que puede rescatarnos de nuestro problema: el Dios que nos creó, el Dios que quiere darnos paz, el Dios que puede perdonar pecados, el Dios que nos ama.

4
¿CÓMO ES DIOS?

❖

¿Descubrirás tú los secretos de Dios?
¿Llegarás tú a la perfección del Todopoderoso?
—JOB 11.7

QUIÉN ES DIOS? ¿Cómo es Él? ¿Es que podemos siquiera comenzar a entenderlo?

Si se está haciendo estas preguntas, bienvenido. Todos nos hemos hecho estas preguntas en algún momento, en voz alta o en nuestro corazón, porque no podemos mirar el mundo a nuestro alrededor y no preguntarnos sobre su creación y su Creador. Así como un reloj tiene que tener un diseñador, este universo tan preciso tiene un Gran Diseñador. Lo llamamos Dios. Su nombre es bien conocido a toda la raza humana. ¿Pero cómo es Dios?

La respuesta es en realidad bien sencilla: Dios es como Jesucristo. Es la razón por la que Dios vino al mundo en la forma de un hombre llamado Jesús. Él hizo que Dios fuera visible a nosotros, y se convirtió en nuestro Redentor. Cuando Jesús regresó al cielo, envió al Espíritu Santo para morar en nosotros los que creemos en Él.

Dios se revela a nosotros

Dios se ha revelado a nosotros en el libro llamado la Biblia. Leyendo la Biblia con mucho cuidado y regularidad, podemos descubrir cómo es Dios.

Así como un diamante tiene muchas facetas, así también hay muchos distintos aspectos de Dios. Con nuestro espacio limitado, solo podemos repasar cuatro de sus atributos más significativos.

Dios es Espíritu

Primero, la Biblia declara que Dios es *espíritu*. Una vez, hablando con una mujer junto al pozo de Sicar, Jesús hizo esta sencilla declaración: «Dios es Espíritu» (Juan 4:24).

¿Qué imagen trae a su mente la palabra *espíritu*? ¿Piensa en un vestigio de vapor que flota a la deriva en el aire? ¿Es *espíritu* solo una nada sin forma para usted? ¿Es eso lo que Jesús quería decir en cuanto a Dios?

¡No! *Espíritu* significa «sin cuerpo». Es más, es lo *opuesto* al cuerpo. Sin embargo es tan real como las páginas de este libro, o más todavía.

Este concepto infinito es difícil de entender con nuestras mentes finitas. Es como tratar de explicar la envergadura y majestad e imponente grandeza del océano a una persona que nunca ha visto un caudal de agua más grande que un charco lodoso. ¿Cómo puede tal persona comprender las profundidades insondables, la vida misteriosa, el poder creciente, el movimiento incesante, la inclemencia terrible de un océano tormentoso o la belleza desbordante de un océano en calma? ¿Cómo puede uno lograr que esa persona crea que tal maravilla existe?

Dios no se limita a cuerpo, forma o demarcaciones. Porque no tiene limitaciones, Él puede estar en todas partes a la misma vez. Puede oírlo todo, verlo todo y saberlo todo.

Nosotros no podemos hacer nada de eso, así que tratamos de limitar a Dios y hacerlo como nosotros. Negamos su poder de hacer cosas que nosotros no podemos hacer. Pero porque lo digamos no quiere decir que es cierto. ¡Dios no tiene límites! No hay límites a su sabiduría, su poder, su misericordia o su amor. No podemos limitar al Dios que nos hizo a nosotros y a nuestro mundo, así como una gota del océano no puede limitar al océano. Dios no tiene límites.

Dios es una Persona

Segundo, la Biblia revela a Dios como una *Persona*. A través de toda la Biblia se dice «Dios ama», «Dios dice», «Dios hace». Todo lo que atribuimos a una persona se atribuye a Dios. Una persona es alguien que siente, piensa, desea y tiene todas las expresiones de la personalidad.

Nuestra mente finita no puede concebir a una persona que no sea de carne y hueso. Sabemos que nuestras personalidades no siempre estarán vestidas en los cuerpos que ahora habitan, pero nos cuesta trabajo aceptarlo.

Dios no está limitado por un cuerpo, sin embargo es una persona. Él siente, piensa, ama, perdona, simpatiza con los problemas y las tristezas que enfrentamos.

Dios es Santo y Justo

Tercero, la Biblia dice que Dios es *un Ser santo y*

justo. Desde el primer libro de la Biblia hasta el último, Dios se revela como un Dios santo. Es absolutamente perfecto y puro en cada detalle. Es demasiado santo para tolerar el pecado, demasiado santo para soportar los estilos de vida pecaminosos.

Nuevamente este es un concepto difícil de entender para personas imperfectas. Nosotros, que tenemos faltas e imperfecciones obvias, no podemos concebir la pureza y santidad absoluta de Dios. Pero debemos reconocerlas si vamos a entender lo que la Biblia dice acerca de Dios.

Dios es demasiado puro para pasar por alto el mal. No puede tener tratos con el pecado. Una vez tuvimos comunión con Dios cuando la raza humana fue creada originalmente. Pero el pecado destruyó esa comunión, y ahora todos estamos condenados ante Él, dignos solo de su juicio. Solo por medio de Jesucristo podemos restablecer nuestra comunión con Dios. Sin Él, estaríamos perdidos para siempre.

Dios es amor

Cuarto, «Dios es amor» (1 Juan 4:8). Aunque la santidad de Dios demanda que todo pecado sea castigado, el amor de Dios provee el plan y la forma de la redención para nosotros. Dios nos ama, ¡a pesar de nuestro pecado! El amor de Dios proveyó la cruz de Jesús, por la cual podemos recibir perdón. Fue el amor de Dios que envió a su Hijo a morir en nuestro lugar en la cruz.

Nunca cuestione el gran amor de Dios, porque es una parte de Dios tan invariable como su santidad. No importa cuán terrible sean sus pecados, Dios lo ama. Si no fuera por el amor de Dios, ninguno de nosotros tendría una oportunidad para la vida futura. ¡Pero Dios es amor! «Mas Dios muestra su amor para con nosotros, en que siendo aún pecadores, Cristo murió por nosotros» (Romanos 5:8).

La certeza de Dios

Cuando alguien me pregunta cómo puedo estar tan seguro de quién y qué es Dios en realidad, me hace recordar la historia del niñito que estaba volando un papalote. Era un día hermoso para volar papalotes; el viento soplaba y grandes cúmulos de nubes cruzaban el cielo. El papalote subió y subió hasta que quedó oculto tras las nubes.

—¿Qué haces? —preguntó un hombre al niño.

—Estoy volando un papalote —contestó.

—Un papalote, ¿eh? —dijo el hombre, mirando hacia arriba—. ¿Cómo puedes estar seguro? No puedes verlo.

—No —dijo el niño—, no puedo verlo, pero a cada rato siento un tirón en la cuerda. ¡Por eso estoy seguro de que está allí!

No acepte lo que otra persona le dice en cuanto a Dios. Búsquelo usted mismo, y entonces sabrá por el maravilloso y caluroso tirón en las cuerdas de su corazón que de *seguro* Él está allí.

5
¿Quién es Jesús?

❖

El Hijo es el resplandor de la gloria de Dios, la fiel
imagen de lo que él es.
—Hebreos 1.3, *Nueva Versión Internacional*

Un día andaba por un camino de tierra con uno de mis hijos, y por accidente le di una patada a la parte superior de un hormiguero. Naturalmente, las confundidas y aterradas hormigas salieron del hormiguero y comenzaron a trabajar furiosamente para defenderlo.

—¡Caramba, papi! —dijo mi hijo—. Les has trastornado su mundo.

—Sí, hijo, temo que sí —le contesté—, pero no fue mi intención. Ojalá pudiera decirles cuánto siento que les pisé la casa. Quisiera poder decirles que me importa, que no fue mi intención hacerlo, y que me gustaría ayudarlas a restaurarla de alguna manera. Pero no hay manera de comunicarme con ellas.

Mi hijo pensó por un momento.

—La única manera de hacerlo, papi, sería que te convirtieses en una hormiga.

¡Y eso es precisamente lo que hizo Dios! En una noche oscura en Judea, mientras las estrellas cantaban al unísono y los ángeles que lo acompañaban cantaban sus alabanzas, ¡Dios el Hijo voluntariamente desechó su manto celestial y se hizo hombre!

Pero no solo se convirtió en un hombre bueno o piadoso, no solo se convirtió en un gran maestro moral ni en un profeta elocuente, sino que de veras se convirtió en *Dios mismo en un cuerpo humano*. Como un escritor dijo: «Era Dios con piel». Era a la vez completamente hombre y completamente Dios. Se puede decir que se hizo una hormiga en el mundo de las hormigas.

La diferencia es que Dios no le dio una patada a nuestro hormiguero. Nosotros mismos destruimos nuestro mundo a través del pecado. Él solo vino a restaurarlo y a restaurarnos.

Un Dios, tres Personas

La Biblia enseña que Dios es de verdad tres Personas. Esto es un misterio divino que jamás entenderemos completamente.

La Biblia no enseña que hay tres dioses distintos, sino que hay un solo Dios. Este solo Dios, sin embargo, se presenta o expresa a nosotros como tres Personas distintas. Él es Dios el Padre, Dios el Hijo y Dios el Espíritu Santo.

La Segunda Persona de esta Trinidad es Dios el Hijo, Jesucristo. Él es coigual con Dios el Padre. No es *un* hijo de Dios, sino *el* Hijo de Dios. Es el eterno Hijo de Dios: Dios manifestado en carne humana, el Salvador viviente.

Esto es lo que la Biblia dice de Jesús: «Él es la imagen del Dios invisible, el primogénito de toda creación. Porque en él fueron creadas todas las cosas, las que hay en los cielos y las que hay en la tierra, visibles e invisibles; sean tronos, sean dominios, sean principados, sean potestades; todo fue creado por medio de él y para él. Y él es antes de todas las cosas, y todas las cosas en él subsisten» (Colosenses 1.15-17).

Y Jesús dice de sí mismo: «El que me ha visto a mí, ha visto al Padre» (Juan 14.9). Él y solo Él tenía el poder y la capacidad de llevarnos de vuelta a Dios. Él tenía que ser el sustituto. Tenía que morir en el lugar de personas pecaminosas. Y todo esto tenía que hacerlo *voluntariamente*.

Cómo vivió Jesús

Aunque Jesús era completamente hombre, en todos los días de su vida terrenal jamás cometió un pecado. Es el único hombre que ha vivido sin cometer ningún pecado. Sus enemigos lo vigilaban de día y de noche, pero nunca hallaron pecado en Él.

Jesús vivió una vida humilde. No trató de crearse una reputación. No recibió ningún honor especial de las personas. Nació en un establo. Lo criaron en el insignificante pueblo de Nazaret. Fue un sencillo carpintero.

Y cuando comenzó su ministerio terrenal, juntó a su alrededor a un grupo de humildes pescadores como sus seguidores. Caminó entre nosotros como un hombre. Fue uno más.

Jesús vivió entre nosotros para que pudiéramos ver a Dios con nuestros ojos, tocar a Dios con nuestras manos, hablarle a Dios con nuestros labios, oír a Dios con nuestros oídos y vivir con Dios en nuestro mundo. Vino para que pudiéramos aprender a ser como Él, el Hijo de Dios.

Nosotros también podemos llegar a ser hijos de Dios. Jesús nos ha mostrado cómo vivir, amar, reír y ser aceptados en los ojos de su Padre, nuestro Padre. Y eso no es lo único que hizo por nosotros.

6
¿Qué Hizo Jesús por Nosotros?

❖

El Hijo del Hombre vino a buscar y a salvar lo que se había perdido.
—Lucas 19.10

Barrabás! ¡Despierta, Barrabás! ¡Tu gran día llegó!»

Cuando la puerta oxidada de su celda se abrió con un chirrido ruidoso, Barrabás protegió sus ojos de la luz. Sabía por qué los soldados romanos estaban ahí. Hacía tiempo que había temido ese día, el día en que lo ejecutarían por sus crímenes.

Por lo menos está brillando el sol, pensó. *Eso es mejor que morir bajo la lluvia.*

Pero ¿qué ocurre? Algo está mal. Los guardias lo miraban con una sonrisa extraña.

—¿Qué es esto, otra broma de locos? —preguntó.

—Barrabás, eres un hombre afortunado.

—¿Por qué? ¿Porque por lo menos dejaré de estar en este hoyo inmundo?

—No —contestó un guardia—, ¡porque tenemos órdenes de dejarte en libertad! El gobernador Pilato te ha indultado y ha ordenado que Jesús de Nazaret muera en tu lugar.

Los guardias le quitaron las cadenas y, boquiabierto por la sorpresa, Barrabás salió a tropezones de la prisión hacia las atestadas calles de Jerusalén.

Él era culpable, lo sabía. ¡Pero estaba libre! Absuelto de todas las cargas, según ellos. Un hombre llamado Jesús lo había salvado de la muerte.

Barrabás, anonadado por lo que había pasado, debe haber caído de rodillas en el suelo pedregoso. Lo único que pudo haber pensado es: *¿Por qué Jesús tiene que morir en mi lugar?*

Jesús voluntariamente vino del cielo a la tierra para salvar a las personas pecaminosas como usted y como yo. Vino a aplacar la ira de nuestro Dios santo, que estaba muy ofendido por nuestros pecados. Y solo había una manera en que Jesús podía hacerlo.

Desde que Jesús nació de una virgen, la sombra de la cruz oscureció su sendero. Desde la cuna hasta la cruz tuvo un propósito, una misión: morir por usted y por mí.

Abandonados y perdonados

La santidad de Dios demanda un sacrificio por nuestros pecados. Ese sacrificio requiere la muerte del pecador o de un sustituto.¡Cristo fue nuestro sustituto!

No fueron los crueles clavos los que sostuvieron a Cristo en la cruz. Las cuerdas irrompibles del amor de Dios fueron las que lo ataron. ¡Por usted! ¡Por mí! Llevó nuestros pecados en su cuerpo sobre la cruz.

Pero el sufrimiento físico de Jesucristo no fue la peor parte de su sufrimiento. El sufrimiento más profundo de Jesucristo fue espiritual. Sintió el último golpe del pecado y se hundió en la tristeza más profunda cuando clamó: «Dios mío, Dios mío, ¿por qué me has desamparado?» La maravillosa verdad es que *Dios lo desamparó* para poder *perdonarnos*.

Él llevó mis pecados en su cuerpo sobre la cruz. Lo colgaron allí donde debía haber estado yo. Los dolores del infierno que debían haber sido míos los echaron sobre Él. La sustitución se realizó. El sacrificio fue completo.

Ahora que la base de la redención se ha establecido, tenemos la llave que abre la puerta a la paz con Dios. Nosotros, como pecadores, debemos creer en el Hijo de Dios como nuestro Sustituto, nuestro Salvador, nuestro Redentor. Debemos aceptar la increíble gracia de Dios: «Porque de tal manera amó Dios al mundo [¡a nosotros!], que ha dado a su Hijo unigénito, para que todo aquel que en él cree, no se pierda, mas tenga vida eterna» (Juan 3.16).

¡Noticias gloriosas!

Pero Cristo no permaneció colgado en una cruz sangrando por sus manos, costado y pies. El viernes por la tarde, después de su muerte, lo bajaron y con mucho cuidado lo colocaron en una tumba prestada. Una piedra enorme sellaba la entrada de la tumba. Y varios soldados la protegían.

Temprano en la mañana del domingo, el primer Domingo de Resurrección, tres de las seguidoras de Jesús llamadas María, María Magdalena y Salomé se dirigieron hacia la tumba para ungir el cuerpo muerto de Jesús con especias de entierro. Pero cuando llegaron se sorprendieron al encontrar que habían removido la piedra. ¡Y que la tumba estaba vacía!

Un ángel con brillantes vestiduras blancas estaba sentado sobre la piedra. Y dijo a las mujeres: «No temáis vosotras; porque yo sé que buscáis a Jesús, el que fue crucificado» (Mateo 28.5).

Y entonces el ángel les dio la noticia más gloriosa que oídos humanos habían escuchado: «¡No está aquí, pues ha resucitado!» (Mateo 28.6).

El hecho de la Resurrección

Sobre ese gran hecho se apoya todo el plan de Dios de redención. Sin la resurrección no podríamos tener salvación.

En realidad hay más evidencia de testigos de que Jesús resucitó de entre los muertos que de que Julio César vivió o de que Alejandro Magno murió a la edad de treinta y tres años. La resurrección de Jesús es un *hecho*. Es innegable. Es históricamente precisa. Y esto es lo que su resurrección significa para nosotros:

Primero, la Resurrección demuestra que Cristo era innegablemente Dios. Él era lo que afirmaba ser: Dios encarnado.

Segundo, la Resurrección demuestra que Dios había aceptado el sacrificio de Cristo en la cruz, el cual era necesario para nuestra salvación. «[Jesús] fue entregado por nuestras transgresiones, y resucitado para nuestra justificación» (Romanos 4.25).

Tercero, la Resurrección demuestra que Dios nos re-

concilia, nos perdona y nos da paz para siempre. «Así que, como por la transgresión de uno vino la condenación a todos los hombres, de la misma manera por la justicia de uno vino a todos los hombres la justificación de vida» (Romanos 5.18).

Cuarto, la Resurrección demuestra que nuestros cuerpos también resucitarán, y al final serán nuevos. «Mas ahora Cristo ha resucitado de los muertos; primicias de los que durmieron es hecho» (1 Corintios 15.20). Cristo promete: «Porque yo vivo, vosotros también viviréis» (Juan 14.19).

Quinto, la Resurrección marca la abolición de la muerte para siempre, y nos asegura que estaremos con Dios en el cielo durante toda la eternidad. Se quebrantó y desapareció el temor de la muerte para todo el que cree. Ahora podemos decir con el salmista: «Aunque ande en valle de sombra de muerte, no temeré mal alguno, porque tú estarás conmigo; tu vara y tu cayado me infundirán aliento» (Salmo 23.4).

7
DESCUBRA CÓMO REGRESAR

❖

Si no os volvéis y os hacéis como niños,
no entraréis en el reino de los cielos.
—MATEO 18.3

HACE AÑOS, MIENTRAS predicaba en Holly-
wood, un grupo de gente de cine pidió hablar
conmigo acerca de experiencias religiosas. Después
de mi mensaje tuvimos un tiempo de conversación,
y la primera pregunta que me hicieron fue: «¿Qué es
la conversión?»

En muchos aspectos la conversión es un misterio,
porque desde nuestro punto de vista es tanto nuestra
obra como la obra de Dios. Nuestra responsabilidad
es volvernos a Cristo en fe y arrepentimiento, alejan-
do nuestros corazones del pecado y pidiéndole que
venga a nuestro corazón por fe. Decidimos cambiar
el rumbo de nuestras vidas, y reconocemos que no
podemos hacer esto sin la ayuda de Dios.

Cuando nos apartamos del pecado y vamos hacia Dios, su parte en el misterio de la conversión es regenerar o renovar nuestros corazones y mentes. Entonces estamos realmente convertidos.

Entréguele a Cristo sus problemas

¿Qué le está molestando hoy? ¿Está su corazón cargado por algún pecado que amenaza con vencerlo? ¿Está lleno de ansiedad y preocupación por algo malo que ha hecho y se pregunta qué pasará?

Escuche, amigo, usted puede encontrar el secreto de la paz personal al volverse a Cristo. Cambie el rumbo de su vida y conviértase al Señor Jesucristo. Como un hijo de Dios por gracia mediante la fe en Cristo, usted puede entregarle sus luchas sabiendo que Él lo ama y puede ayudarlo.

La naturaleza de la conversión

Para entrar al cielo, Jesús dijo que uno debe convertirse. Yo no lo dije. ¡Jesús lo dijo! Esto no es la opinión de un hombre. ¡Es la opinión de Dios! Jesús lo dijo de esta manera: «Si no os convertís y os hacéis

como niños, no entraréis en el reino de los cielos»
(Mateo 18:3, *La Biblia de las Américas*).

La verdadera conversión requiere su *mente*, sus
emociones y su *voluntad*. Miles de personas se han
convertido a Cristo *intelectualmente*. Ellos creen lo
que la Biblia dice acerca de Jesús, pero nunca se han
convertido a Él de corazón.

La conversión significa «ser cambiado». Las personas sinceramente convertidas aman a las personas
que una vez odiaban, y odian el pecado que una vez
amaban. Y habrán cambiado sus corazones respecto
de Dios. Donde una vez quizás eran negligentes en
cuanto a Dios y vivían con temor, ansiedad y anta-
gonismo constantes en relación con Dios, ahora se
hallan en un estado de reverencia, confianza, obe-
diencia y devoción.

Las personas convertidas también tienen una
gratitud constante a Dios, una dependencia de Dios
y una nueva lealtad hacia Él. En otras palabras, la
conversión significa un cambio total en la vida de
una persona.

De Saulo a Pablo

Un gran ejemplo bíblico de la conversión es Saulo

de Tarso. Cuando joven tomó el camino equivocado al participar en la muerte del siervo de Dios, Esteban. Hechos 8:1 dice que cuando Esteban murió, Saulo consentía en su muerte.

Ese hecho dio inicio a la primera carrera de Saulo: la de perseguir enconadamente a los cristianos. Hechos 9 continúa diciendo que en Jerusalén Pablo respiraba amenazas y muerte contra los discípulos del Señor.

Pero un día, yendo por el camino a Damasco, donde Saulo pensaba arrestar y matar a unos cuantos cristianos más, «repentinamente lo rodeó un resplandor de luz del cielo; y cayendo en tierra oyó una voz que le decía: Saulo, Saulo, ¿por qué me persigues?»

¡Era Jesús! Saulo se había encontrado cara a cara con el Dios que había estado persiguiendo. Y ese encuentro lo hizo recapacitar y lo puso en el camino de la paz, de la paz con Dios.

Hechos 9:19-20 dice: «Y habiendo tomado alimento, recobró fuerzas. Y estuvo Saulo por algunos días con los discípulos que estaban en Damasco. En seguida predicaba a Cristo en las sinagogas, diciendo que este era el Hijo de Dios». ¡Se había convertido!

Dios, con el tiempo, cambió el nombre de Saulo

por el de Pablo. ¡Su conversión fue tan completa que incluso su nombre tuvo que ser diferente! Y Pablo llegó a ser uno de los portavoces más grandes para Cristo que el mundo ha conocido.

¿Y qué de usted?

Quizás usted también está listo para cambiar de rumbo y comenzar a transitar el camino a la paz personal. Si es así, es probable que se esté preguntando *cómo comienza la conversión. ¿Cómo puede uno convertirse?*

8
Bienvenido a Casa

❖

El que no naciere de nuevo,
no puede ver el reino de Dios.
—Juan 3:3

SI YO PUDIERA tener una charla de corazón a corazón con usted en su casa, quizá me diría: «Estoy perplejo, confundido y desconcertado. He quebrantado las leyes de Dios, he vivido de modo contrario a sus mandamientos. Yo pensaba que podía estar bien sin la ayuda de Dios. He tratado de tener mis propias reglas, y he fallado. ¡Cuánto daría por poder nacer de nuevo! ¡Cuánto daría por poder volver a comenzar! ¡Qué diferente sería el camino que seguiría si pudiera!»

Si estas palabras resuenan como algo familiar en su corazón, quiero darle noticias gloriosas. ¡Jesús dijo que usted *puede* nacer de nuevo! *Puede* tener ese nuevo comienzo que anhela. *Puede* llegar a ser una nueva persona, una persona limpia y llena de paz, con sus pecados lavados.

Una salida

No importa qué difícil haya sido su pasado ni qué embrollado esté su presente. No importa lo oscuro que vea su futuro. *Hay* una salida. Hay una salida cierta, segura y eterna, ¡pero hay solo *un* camino! Ese camino es Jesús, quien dijo: «Yo soy el camino, la verdad y la vida; nadie viene al Padre sino por mí» (Juan 14:6).

Puede seguir siendo miserable, maldispuesto, atemorizado, infeliz y disgustado con usted mismo o puede decidir ahora mismo que quiere nacer de nuevo. Puede permitir que se cancele su doloroso pasado y que tenga un comienzo nuevo, fresco y correcto. Puede decidir *ahora* convertirse en la persona que Jesús aseguró que usted puede ser.

¿Cómo puede uno nacer de nuevo?

Las siguientes preguntas que puede hacer son: «¿Cómo puedo tener ese renacimiento? ¿Cómo puedo nacer de nuevo? ¿Cómo puedo tener un comienzo fresco?

Aquí hay algunas pautas de la Biblia que lo ayudarán a nacer de nuevo aceptando a Jesucristo como Señor y Salvador:

Primero, debe reconocer lo que hizo Dios. Él lo amó tanto que entregó a su Hijo para morir en la cruz por usted. Hablamos de eso en el capítulo 6 de este libro.

Segundo, debe arrepentirse de sus pecados. Jesús dijo que si no se arrepiente, morirá (Lucas 13:3). No es suficiente sentirse afligido. Arrepentirse significa apartarse del pecado y cambiar de actitud y manera de vivir.

Tercero, por fe debe recibir a Jesucristo como Salvador y comprometerse con Él como Señor. Esto significa que dejará de tratar de salvarse y aceptará a Cristo como su único Señor y Salvador. Juan 1:12 dice: «Mas a todos los que lo recibieron, a los que creen en su nombre, les dio potestad de ser hechos hijos de Dios». Confíe en Él completamente, sin reservas. ¡Hágalo ahora mismo!

¡SÚBASE A BORDO!

Supongamos que usted decide viajar a Europa. Se

pone en contacto con su agente de viajes, hace las reservaciones correspondientes y compra el pasaje. Prepara su equipaje y toma un taxi al aeropuerto. Allí entrega su equipaje, recibe su tarjeta de embarque y camina hacia la puerta de entrada. Pero si se detiene ahí, nunca llegará a Europa. ¿Por qué? Le falta algo: ¡tiene que abordar el avión!

Saber *acerca de* Cristo no basta. Estar convencido de que Él es el Salvador del mundo no es suficiente. Afirmar nuestra creencia en Él no es suficiente. Creer que Él ha salvado a otros no es suficiente. Realmente no creemos en Cristo hasta que *dedicamos* nuestras vidas a Él y por fe lo *recibimos* como Salvador. ¡Tenemos que subirnos a bordo con Jesús!

¿Por qué no lo hace *hoy*? La Biblia dice: «He aquí ahora el tiempo aceptable; he aquí ahora el día de salvación» (2 Corintios 6:2). Si está dispuesto a arrepentirse de sus pecados y recibir a Jesucristo como su Señor y Salvador, puede hacerlo ahora mismo.

Cómo comenzar

Quizás se pregunte: «Sinceramente quiero nacer de nuevo, ¿pero cómo comienzo?» Le sugiero que haga una lista de todos sus pecados. Confiéselos a Dios uno por uno y bórrelos, recordando que Jesucristo ha prometido perdonar. ¡No esconda nada! Déselo todo a Cristo. La Biblia dice: «Si confesamos nuestros pecados, Él es fiel y justo para perdonarnos y limpiarnos de toda maldad» (1 Juan 1.9).

A continuación, pídale a Dios que lo limpie de los pecados de los cuales no está consciente y que lo haga más sensible a los pecados ocultos en su vida: motivos malos, actitudes malas, hábitos malos, relaciones malas, prioridades malas. Quizás tenga que hacer restitución de algo si ha robado, o tenga que buscar a alguien y pedirle perdón por un mal que haya cometido.

De esta manera «muere a sus pecados» y participa en la muerte de Cristo en la cruz por usted. El apóstol Pablo dijo: «Con Cristo estoy juntamente crucificado, y ya no vivo yo, mas vive Cristo en mí» (Gálatas 2:20).

SU RESPUESTA

En este momento lo invito a inclinar el rostro o arrodillarse y decir esta oración:

Oh Dios, confieso que he pecado contra ti. Lamento mis pecados. Estoy dispuesto a apartarme de ellos. Recibo y confío en Jesucristo como mi Salvador. Lo confieso como mi Señor. De ahora en adelante quiero vivir para Él y servirlo en la comunión de su Iglesia. En el nombre de Jesús, amén.

Creo que Jesucristo es el Hijo de Dios. Me comprometo con Él como el Señor y Salvador de mi vida.

_____

Firma

_____

Fecha

Amigo, si usted oró sinceramente, entonces ¡bienvenido al amor y la comunión de la familia de Dios!

9
Paz al Fin

❖

Enjugará Dios toda lágrima de los ojos de ellos; y ya no
habrá muerte, ni habrá más llanto, ni clamor, ni dolor;
porque las primeras cosas pasaron.
—Apocalipsis 21.4

UNA DE LAS IMÁGENES más poderosas y duraderas que mi esposa, Ruth, y yo guardamos en la memoria es la de los desfiles en Nueva York en celebración del fin de la Segunda Guerra Mundial. ¡La guerra al fin había terminado! Y no había palabras para describir el gozo de los que salvaron sus vidas.

Millones de serpentinas multicolores y montañas de confeti llovían sobre los héroes que regresaban, que habían peleado valientemente contra el enemigo y habían ganado. Amigos, familiares y conciudadanos danzaban en las calles para expresar su felicidad y emoción.

Era un tiempo de emociones muy fuertes: el

gozo desinhibido, la esperanza exuberante en cuanto al futuro y el simple orgullo de los vencedores. Pero la emoción más profunda que hacía correr las lágrimas en las caras de madres, padres, abuelos, y aun en los más robustos combatientes, desde los soldados rasos hasta los generales, era el *alivio*.

¡La guerra había terminado! Habíamos alcanzado la victoria. Los soldados habían regresado. Y al fin había paz.

AHORA QUE HA REGRESADO DE LA GUERRA

Ahora que ha regresado a casa después de su guerra espiritual con Dios, también debe sentir un tremendo alivio. Con la ayuda de Dios, ha vencido a su enemigo, el diablo. Jesús lo salvó de la muerte al actuar como su escudo en la batalla. Dios lo rescató, lo renovó y lo regeneró.¡Qué sentimientos tan increíbles de alivio y esperanza y felicidad debe estar experimentando ahora! Al fin tiene paz personal.

Aun así, como nuevo creyente, es probable que tenga muchas preguntas. Quizá se pregunte: *Bueno, ¿y ahora qué? ¿Qué pasa cuando nos convertimos en seguidores de Jesús?* Y esa es una pregunta legítima. Las

siguientes son algunas cosas que se producen auto-
máticamente cuando recibe ciudadanía en el Reino
de Dios:

¡Dios lo perdona! ¡Piénselo! Todo pecado que
haya cometido, sin excepciones, no importa cuán
terrible o atroz sea, ya no es suyo. Jesús los puso todos sobre sí y quedaron clavados en la cruz con Él.
Dios los *perdona* y los *olvida*. Usted es puro ante sus
ojos. Usted es salvo.

¡Usted es adoptado! ¡Se ha convertido en hijo de
Dios! Dios lo adoptó como su hijo amado. Usted es
miembro de la familia real del cielo. Es un hijo del
Rey, y nada puede cambiar esto.

La Biblia lo confirma: «Pues todos sois hijos de
Dios por la fe en Cristo Jesús» (Gálatas 3.26). Esta es
una razón por la que es importante que usted forme
parte de una iglesia en la que se predica a Cristo,
porque ahí estará con otros miembros de la familia
de Dios.

¡Dios lo justifica! En el momento en que nació de
nuevo, también recibió una nueva naturaleza y
Dios lo justificó ante sus ojos. *Justificado* significa
«como si nunca hubiera pecado». Es Dios declaran-
do que personas impías son perfectas a sus ojos.
Dios ahora lo ve por medio de la sangre de su Hijo

perfecto, Cristo, quien lo lavó de sus pecados. Usted es puro y perfecto a los ojos de Dios.

¡Cristo vive en usted! Cuando recibió a Cristo como Señor y Salvador, Él fue a vivir a su corazón por medio del Espíritu Santo. La Biblia dice: «A quienes Dios quiso dar a conocer las riquezas de la gloria de este misterio entre los gentiles; que es Cristo en vosotros, la esperanza de gloria» (Colosenses 1.27).

DE VIEJO A NUEVO

Los soldados que regresaron después de la Segunda Guerra Mundial descubrieron que mucho había cambiado mientras ellos estaban fuera del país. Y tuvieron que atravesar por un período de ajustes mientras se establecían en su nueva vida. De igual manera, puede esperar que ocurran ciertos cambios ahora que ha nacido de nuevo. Y tendrá un período de ajustes mientras se va estableciendo en su nueva vida espiritual con Dios.

Primero, porque Cristo ahora vive en usted, tendrá una actitud distinta hacia el pecado. Aprenderá a odiar el pecado así como Dios lo odia. Llegará a detestarlo y aborrecerlo, porque Dios no puede coexistir con el pecado: «Sabemos que el que tiene a Dios como Padre [¡usted!], no sigue pecando» (1 Juan 5.18, *Dios Habla Hoy*).

Segundo, querrá obedecer a Dios. La Biblia dice: «Nosotros podemos saber que lo conocemos, si guardamos de veras sus mandamientos» (1 Juan 2.3). Le será sumamente importante hacer lo que Dios dice que es correcto y evitar lo que Dios dice que es incorrecto. La Biblia será su compañera de todos los días.

Tercero, se esforzará por separarse del mundo en el que antes vivía. La Biblia dice: «No améis al mundo, ni las cosas que están en el mundo. Si alguno ama al mundo, el amor del Padre no está en él» (1 Juan 2.15). Y es por esto que eso es tan importante: «Pero lo malo de este mundo y de todo lo que ofrece, está por acabarse. En cambio, el que hace lo que Dios manda vive para siempre» (1 Juan 2.17, *Biblia en Lenguaje Sencillo*). ¡Para siempre!

Cuarto, tendrá un nuevo amor por los demás. «Nosotros sabemos que hemos pasado de muerte a vida, en que amamos a los hermanos. El que no ama a su hermano, permanece en muerte» (1 Juan 3.14). Dios es amor. Como sus hijos, también debemos «ser amor» a los que nos rodean. Va a querer orar por los demás y ayudarlos, en vez de pasarlos por alto u odiarlos.

Paz en su corazón

La vida cristiana es la mejor manera de vivir. No pase por alto la ventaja que un cristiano tiene tanto ahora como por el resto de la eternidad.

¡Ahora! Jesús dijo: «He venido para que tengan vida, y para que la tengan en abundancia» (Juan 10.10). No tenemos que esperar hasta morir para disfrutar de las bendiciones de ser hijos de Dios. Él promete que si vivimos conforme a sus pautas para la felicidad, ¡la vida será mejor *ahora!*

¡Eternamente! «Porque de tal manera amó Dios al mundo, que ha dado a su Hijo unigénito, para que todo aquel que en él cree [¡usted], no se pierda, mas tenga vida eterna» (Juan 3.16).

¡Qué posibilidad! ¡Qué futuro! ¡Qué esperanza! ¡Qué vida! No cambiaría de lugar con la persona más rica e influyente en el mundo que no conoce a Cristo.

Yo sé de dónde vengo, sé por qué estoy aquí, y sé adónde voy, y tengo paz personal en mi corazón. ¡Su paz inunda mi alma! En Cristo tenemos paz aun en medio de los problemas y el dolor. La tormenta puede rugir, pero nuestros corazones descansan.

¡Al fin hemos hallado la paz personal!

10
El Cielo,
Nuestra Esperanza

❖

Tenemos de Dios un edificio,
una casa no hecha de manos,
eterna, en los cielos.
—2 Corintios 5.1

Jamás olvidaré los últimos meses de la vida de mi madre poco antes de que se fuera a estar con el Señor. Durante ese tiempo se debilitaba cada vez más físicamente, ¡pero su gozo y emoción en cuanto al cielo aumentaban cada vez más!

Cuando alguien la iba a visitar, salía asombrado de su esplendor y sentido de expectación. Sí, cuando ella murió, hubo lágrimas. Pero en medio de estas, aquellos que la amamos tuvimos un profundo sentido de gozo y consuelo, porque sabíamos que estaba con el Señor.

La gloria por delante

La muerte tampoco es el final de la historia para usted como cristiano. Sólo somos peregrinos y vamos por este mundo físico con sus dolores y sufrimientos. ¡Hay vida más allá de la muerte! Esta es la bien definida promesa de Dios en la Biblia.

Un joven con una enfermedad incurable se comenta que dijo: «No creo que temería morir si supiera qué me espera después de la muerte».

Evidentemente este joven no había oído del cielo que Dios tiene preparado para los que lo aman. En los cristianos no debe haber temor. ¡Cristo nos ha dado esperanza!

¿Tiene usted esperanza en su corazón? ¿Sabe que si muere esta noche irá al cielo a reunirse con Cristo para siempre? Puede saberlo si confía en Cristo como su Salvador y Señor. Él dijo: «No se turbe vuestro corazón; creéis en Dios, creed también en mí. En la casa de mi Padre muchas moradas hay; [...] voy, pues, a preparar lugar para vosotros [...] vendré otra vez, y os tomaré a mí mismo, para que donde yo estoy, vosotros también estéis (Juan 14.1-3).

Para los cristianos, la tumba no es el final, ni la muerte una calamidad. Tenemos una esperanza gloriosa: la esperanza del cielo.

¿Cómo es el cielo?

El cielo es bello. ¡Es indescriptible e inconcebiblemente bello! El cielo no puede ser otra cosa, porque es la casa del Padre, y Él es el Dios de la belleza.

Mire el mundo que nos rodea. ¡Dios lo hizo! Dondequiera que miramos nos rodea una belleza asombrosa. Y la misma mano que hizo los árboles, los campos, las flores, los mares, las colinas y las nubes hizo para nosotros un hogar llamado cielo.

Es un lugar tan bello que cuando al apóstol Juan se le permitió una breve visión de este, dijo que lo único con lo que lo podía comparar era con la belleza de una joven en su día de boda. Dijo que el cielo era «como una novia hermosamente vestida para su prometido» (Apocalipsis 21.2, *Nueva Versión Internacional*).

El cielo será alegre. Piense en un lugar en el que no habrá pecado, tristeza, peleas, malentendidos, sentimientos heridos, dolor, enfermedad, lamento, noche ni muerte.

La casa de Dios será un hogar feliz porque no habrá nada en ella que impida la felicidad (Apocalipsis 21.4).

El cielo también será alegre porque es un lugar de música y canto. La Biblia dice que suena como estruendo de muchas aguas que gritan: «¡Aleluya, porque el Señor nuestro Dios Todopoderoso reina!» (Apocalipsis 19.6).

Y el cielo será eterno. ¿Qué hará que el cielo sea tan deleitable? Será que contemplaremos al Rey en su belleza y lo veremos cara a cara. Estaremos en la misma presencia del Dios viviente y su magnífico Hijo por toda la eternidad. ¡Por *eso* es que el cielo es glorioso!

Cristo estará ahí con nosotros. Él será el mismo centro del cielo. A Él se volverán todos los corazones, y todo ojo descansará en Él. Y descansaremos seguros en su presencia para siempre.

¿No quiere ir allí?

¡El cielo es un lugar maravilloso! Es un lugar de paz y gozo inagotable. ¿No quiere ir allí? Yo sí quiero, y le pido a Dios que usted lo quiera también.

Hasta ese día glorioso, vivamos para Cristo. Confiemos en Él. Volvámonos a Él en nuestros momentos de necesidad. Y con gozo caminemos tomados de la mano de nuestro Señor Jesucristo, a pesar de nuestras circunstancias, hasta que lleguemos a estar con Él por toda la eternidad. ¡Ese es el verdadero camino a la paz personal!

[Jesús dijo:] La paz os dejo, mi paz os doy [...] No se turbe vuestro corazón, ni tenga miedo.
—JUAN 14.27

Escríbame:

Me gustaría saber de usted, especialmente si recientemente dio su vida a Cristo o si este librito lo ayudó de alguna manera especial.

Billy Graham
Asociación Evangelística Billy Graham
P.O. Box 1270
Charlotte, NC 28201-1270, U.S.A.
www.billygraham.org